Página órfã

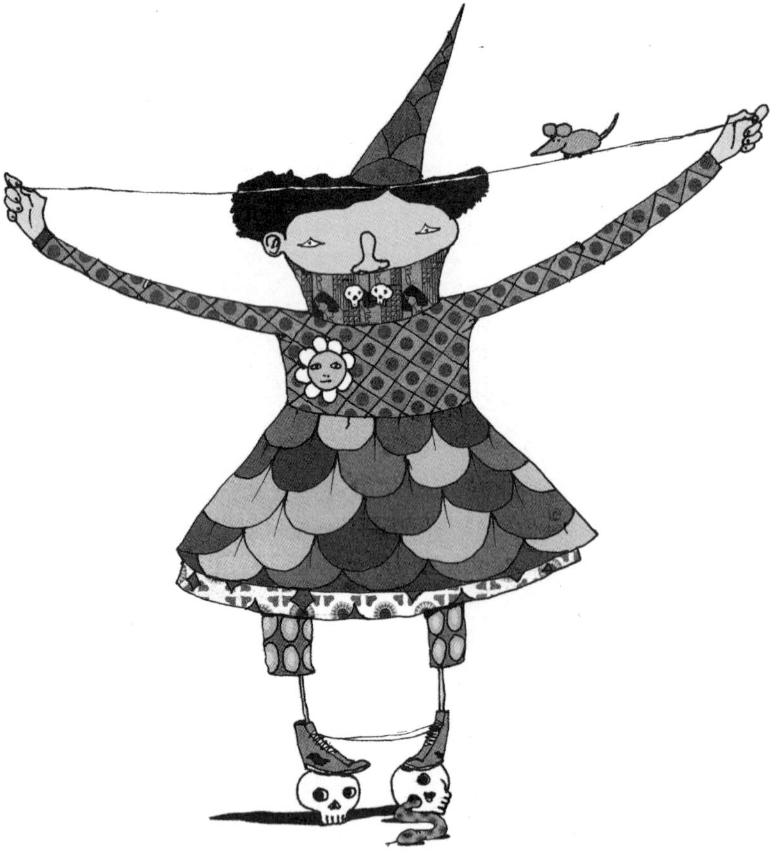

Régis Bonvicino

Página órfã
(2004-2006)

martins
Martins Fontes

Copyright © 2007 Régis Bonvicino

Ilustração da capa
Osgemeos

Preparação
Eliane de Abreu Santoto

Revisão
Regina L. Santos

Produção gráfica
Demétrio Zanin

Design e composição
Ricardo Assis
Negrito Produção Editorial

Dados Internacionais de Catalogação na Publicação (CIP)
(Câmara Brasileira do Livro, SP, Brasil)

Bonvicino, Régis
Página orfã / Régis Bonvicino – São Paulo: Martins, 2007.

ISBN 978-85-99102-58-9

1. Poesia brasileira I. Título.

07-0853   CDD 869.91

Índices para catálogo sistemático:
1. Poesia: Literatura brasileira   869.91

Todos os direitos desta edição para o Brasil reservados à
Livraria Martins Fontes Editora Ltda. *para o selo Martins*
Rua Conselheiro Ramalho, 330
CEP 01325-000 – São Paulo/SP – Brasil
Tel: (11) 3241-3677 – Fax.: (11) 3115-1072
info@martinseditora.com.br
www.martinseditora.com.br

y los que limpian con la lengua

F. G. L.

Sumário

13 Para Darly
14 Petróglifo
16 Agonia
18 Azulejo
19 Letra
21 O lixo
23 Rascunho
25 Anúncio
27 Morte
28 Caminho de hamster
30 Enésima potência
32 Grafites (México)
35 Visitar um cacto
37 Cambio, exchange
38 Concerto
39 Resgate
41 Roupoema

44 Manuscrito
46 Manchetes
48 Notícias
50 In a station of the metro
51 Legendas do muro
53 Ok, ok
55 De manhã
57 Moradores
59 Silêncio
61 Petróglifo 2
63 Rotina
65 Esteticismo
67 It's not looking great!
69 Vestíbulo
70 Indisciplina
75 Duas linhas
78 Música
80 Deus
82 Extinção
84 Página
85 Uma nuvem de palavras
87 Petróglifo 3
88 Sem título
90 The new alphabet
92 Definitions of Brazil (com Charles Bernstein)
95 O elefante
97 Sinopse

98	Prosa
99	Vidro fumê
100	Bagatelles
102	O sono
104	Aqueloutro
105	Tambor de mina
107	Um poema
109	Página órfã
111	*A palavra-carcaça de Bonvicino* – João Adolfo Hansen
128	*Caligrafia baseada no poema "Deus"* – León Ferrari
131	*Bibliografia do autor*

Agradeço a Alcir Pécora, *mio diletto signor* Fellini, que foi interlocutor constante ao longo da criação deste livro.

Para Darly
À maneira de Creeley

Nada para um homem sujo
só água numa cuba
sequer um olhar

mãos sujas
aroma de
amantes talvez

ou além
alguma coisa como areia
para esfregar

com os dez dedos e ter
ao cabo –
o corpo dessa mulher

Petróglifo

Uma abelha moribunda na areia,
em um pano hasteado
mar bravo, uma caveira,
a onda nômade bate na rocha

morro das aranhas
alado, íngreme
uma taturana queima a grama
no rastro da trilha

carapaças de moluscos
o musgo das rochas
se confunde com as ondas,
traços nítidos na pedra:

sob o teto de vime
linhas curvas
entrelaçadas
máscara severa,

coruja ou sentinela?
aviso de perigo à vista
silhuetas de círculos e triângulos,
rasuradas, agora, por vândalos

pétalas amarelas de um cacto
bagas, mar pesado
uma saíra-de-sete-cores
em vôo rasante arranca

a flor do capim alto
arrancado pelo vento
um cacto náufrago
seca sobre o rochedo

Agonia

Uma gaivota rente ao mar
voa entre os barcos
no pôr-do-sol
toca

asas na água
sem o peixe
voando em círculos
perto da árvore

em bando barcos parados
a voz da gaivota,
aguda, ecoa
rumo ao mar

fechado, mergulha
imersa, agora como ostra
destroça o peixe
entre as patas gaivotas a lua?

na água que apagou
nuvens sobre a montanha
onde já é quase noite
acima um céu azul ainda

horizonte uma gaivota voa
luz acesa da ponte
silêncio íntimo da baía
cor no entanto a onda

Azulejo

Meu pai e minha mãe
mortos
ninguém
algum

um
duplo
silêncio
ininterrupto

cacos ásperos
que, agora,
num ato de acúmulo,
rejunto

Letra

Nine out of ten computers are infected
Leminski morreu
do uso contínuo
de um coquetel

de álcool, cigarro e drogas
às vezes
de álcool puro e Pervitin
pupilas dilatadas para encarar o nada

às vésperas da morte
fétido
camiseta cavada e chinelos
trapos a pele

verde como vômito
arranhando o violão e traduzindo Beckett
getting a tan without the sun
que o futuro o disseque

(... numa outra década,
guerrilha nas favelas,
Kaetán morreu de uma overdose
de dólares

êxtase de cheques,
abanando o leque
um séquito de adeptos)
nine out of ten computers... are infected

O lixo

Plásticos voando baixo
cacos de uma garrafa
pétalas
sobre o asfalto

aquilo
que não mais
se considera útil
ou propício

há um balde
naquela lixeira
está nos sacos
jogados na esquina

caixas de madeira
está nos sacos
ao lado da cabine
telefônica

o lixo está contido
em outro saco
restos de comida e cigarros
no canteiro, sem a árvore,

lixo consentido
agora sob o viaduto
onde se confunde
com mendigos

Rascunho

Pauladas não há palavras
morto a pauladas não há palavras
para dizer morto
a pauladas

matar a pauladas
um mendigo e seus utensílios
sacola, cobertor e calçada
morto a pauladas

a lua em quarto minguante
verga
nuvens ásperas encarneiradas
enquanto isso aqueles que

se locupletam com o caso
sem pistas
não há palavras
morto a pauladas

a corda no pescoço?
de manhã –
poça de sangue –
feridas na cabeça

e no rosto
não há palavras
morto a pauladas
não tem conversa não

Anúncio

O viaduto apartou a rua agora
trecho estreito
viela curva
raízes rasgando o asfalto
carros transitando nas quatro pistas do viaduto
urina e fezes na calçada
latas velhas de anchovas em conserva
isopores, no pôr-do-sol
a carcaça de uma caixa ou de um freezer?
pombas pousando nos telhados
a cumplicidade das árvores altas
o outdoor
mendigos cultivando detritos
e seu rosto, o da modelo, anunciando
"claro
que tem mais tecnologia"
pilhas de papelão
carroças
ripas
o afinco do timbre de um caco de vidro
a cabeça enfiada no joelho
o frio mais sinistro de julho
anoitece

um vulto
ao lado do muro
calado
acariciando os arcos do arame farpado

Morte

Sucata de casas ou palavras?
a flor nula da Coca-Cola
e sua fórmula
azulejos antigos

verme!, vício
um anúncio qualquer caído
subvéspero
lustração e pintura

nossos filhos da puta
vende-se
Est
sucata de verbo pedaços

despojos, a chuva, embora breve,
rasga o papel do anúncio
no outdoor palavra ao vento
carga e descarga

uma janela velha alça
luna lakaya
a lua nasce um sucedâneo
de lua alta

Caminho de hamster

Fedendo a cigarro e a mim mesmo
cruzo uma avenida
ao anoitecer
sirenes, carros

vozes abafadas
avenida larga e áspera
numa rua transversal
o cadáver de um cachorro

atropelado
rodas metálicas em ritmo lento
fedendo a esgotos e a mim mesmo
a um pouco de fogo, do isqueiro

fedendo como aquela maçã podre
fedendo a música estúpida
desses tempos
e a mim mesmo

o lixo recolhido exala
um cheiro nítido na calçada
fedendo a sapatos e a mim mesmo
a ratos, ao suor dos néons

a cadeiras e a mim mesmo
a notícias inúteis e a mim mesmo
fedendo sob a lua
narinas entupidas de gás carbônico

o som do motor do ônibus
fedendo as mesmas camisas
fedendo a miopia e a mim mesmo
fedendo a esquinas

exalando cheiros
fedendo a expectativas
que no entanto acabam
na próxima linha

Enésima potência

Formigas às avessas
e tartarugas de duas cabeças nas poças
árvores nas gavetas
formigas às avessas
assolam
a terra seca em câmara lenta
televangelistas
pedem a cabeça de formigas
exceto das astecas
e daquelas que sobrevivem nas pedras e nos jardins
formigas às avessas
com explicação aritmética
obesas no verão
pisam em formigas
e fazem trilhas nas pistas das auto-estradas
formigas mancas, flores fanadas das matas
formigas às avessas
sem fábula
com garras
traficam cupins
às vezes, em ritmo monótono,
andam de patas ao céu –
cheiro de morte nos escombros
detestam caules e migalhas

sugam cabos de vassoura nos esgotos
seus ninhos formam nuvens espessas
formigas às avessas
térmitas em seus termos
hegemonia das formigas idênticas
à enésima potência

Grafites
(México)

O perfume do floripondio
no jardim, amarelo,
exuberante
mesmo no outono

•

Templo de la Profesa ou
San José del Real
em outras palavras
mendiga na porta da igreja
com um lenço vermelho
na cabeça

•

El que no trabaja
Que no coma

•

Os maias estão desatrelados
do meu modo de vida
os maias estão nas estrelas

•

Inquietud actual de mi sentir
cómplice hacedora de futuros recuerdos

•

No caminho para as Pirâmides,
paracaidistas ou favelas dizia o guia
molto prazer
en hablar, en cantar!

•

(No tienes dinero
pero no te preocupes
antes vivo
que muerto)

•

Nas Pirâmides
camisetas da Nike concorrendo
com estatuetas
do deus asteca da terra

•

O nível superior do cosmos:
deuses, chuva, fogo:
o primeiro conceito do zero
é uma flor

•

Em qualquer inframundo
cascavéis, vísceras, fígados,
lagartos vivos tomam conta de
esqueletos de lobo? crânios e estacas

no leito do lago
um osso perde o seu rosto
"algo é algo",
diz o diabo

Visitar um cacto

Visitar um cacto
é uma coisa áspera
na manhã azul de sol
aqui se raspam

as palavras rasgos de cacto
arranhos por todos os lados
o cacto, sempre em si,
sem a possibilidade

de vizinho,
o espinho do cacto decapita o quetzal
como tudo
que voa baixo

cacto cozido só
na pedra do vulcão,
só a aranha habita o cacto
visitar um cacto

e suas patas em Teotihuacan
o cacto embora nítido,
verde, parece opaco
em seu ataque

de fibras
pontas de cacto apontam para
as sombras chorosas do pirul
Apesar de seu cheiro hipnótico

os cactos não incham
contidos em seus espinhos
O nopal se usa também como erva
desde o tempo dos astecas

semillas de tuna
raspam-se em sua pronúncia
com o cacto
no hay paso

Cambio, exchange

Um mendigo dormindo
no meio da manhã
ao pé da estátua de San Martín
não aplaca sua rigidez

como se o tempo estivesse detido
estranhamente ímpio
na praça, pessoas andando
algumas apressadas

bancos ainda molhados de sereno
cheiro de urina e fezes
raios de sol talvez
o canto de um zorral

e o néon ainda cego da Olivetti
num prédio próximo
carros passam
acácias quase nuas

o frio, apesar de tênue,
cala palomas
nos jacarandás sem folhas
lapachos também

Concerto

Vasculhava as flores alvas
e róseas de uma fava
máculas negras, fosfóricas
disparava munição real

no entanto abria portas falsas
mastigava um seixo
ou restos de comida ou sobras
um odor

cheirava amapolas
para adestrar o tato
pensamento sobrecarregado de verdades
vibrava

um ataque de cordas
molambo
de uma língua exangue
contraprova de ruídos usados

•

Quantos malmequeres existem em uma única flor?

Resgate

Cai a tarde
e não há quem o retarde
o cair da tarde
Cai a tarde

que, ao cair, me invade
Cai a tarde
e não cai à parte
Cai a tarde de sábado

na tarde, de canto de pássaros e
hibiscos vermelhos
caem onde?
tarde de outono

tarde de começo de outono
folhas ainda nas árvores
as folhas não caíram das árvores
cai a tarde

e o que com ela cai
sem alarde
cai a tarde
e não cai pela metade

cai mais esta tarde de sol
cai a tarde e com ela a manhã
num desenlace
noite

cai a tarde
acéfala no céu já quase escuro
sem qualquer possibilidade
de resgate

Roupoema

Seus dentes poderiam fazer merchandising
de maconha
embora façam de Colgate
dos lóbulos caem pingentes

to sell ou vender
seus pés não pisam em piso falso
e andam descalços
num clipe ou num filme

seus pés anunciam
uma sandália de plástico imputrescível
Vênus pu(t)ibunda
bebe de tudo, nos bastidores,

agora se parece às vezes
com um travesti
também
agora Hollywood está a seus pés

posa, cheia de si
se exibe com peitos de silicone
veste casacos, no inverno, de pele de lontra
ou de alguma outra espécie

sua cabeça está cheia de cocaína escondida
declara ter hobbies e entre eles
o predileto: fazer blow job
é mais asséptico, sob controle,

e poupa o clitóris
preservando o cheiro dos cosméticos
no corpo e nas roupas
nos lábios, botox

o nariz anuncia um perfume alegórico
de seus cabelos longos e ondulados,
caem letras cegas, se refletem flashes
de vez em quando, usa uma gargantilha

limpa sua própria língua
principalmente o dorso posterior
com um produto novo
para segurar o hálito

não vende roupa
vende os lábios
os lábios vendem a boca,
cornucópia de si mesma

ouve tecno e hip hop
digita no papelote
Não sabe escrever nada
Além do próprio nome

Manuscrito

Navegando numa fragata
feita de vidro de garrafas velhas
cobre, ferro e latão velhos
Um saxofone

feito de antimônio
ecoa no convés
a canção de uma nota só:
"Um inferno

insuportável"
ataques matam insurgentes
ofensivas, carros-bomba
alguém se enforca numa cela

um míssil, sub-reptício,
queima samarras, ainda com lã,
de guerrilheiros furtivos
E o gás metano, que exala do lixo

largado nas ruas,
ano após ano, aqui mesmo
sucateiros conversando agachados
na calçada

não foram só os pássaros
que morreram no bombardeio
as sâmaras também, asas-de-barata
tiveram seu vôo interceptado

por uma explosão
e conseqüente incêndio
palavras:
uma garrafa lançada ao mar? não

palavras
uma garrafa atirada contra o espelho
enquanto isso
a cúpula discute o local do enterro

Manchetes

Réplicas genuínas de bombas sujas
gás mostarda e sarin
gás nervoso vx
causam

convulsões e paralisias
nas vítimas
pulmões queimados
grafites nas paredes:

"morcegos rondam telhados"
Polícia descarta elo
entre o rapaz e o seqüestro
Sob o sol dos trópicos

os cadáveres se decompõem
num rápido galope
queda numa cratera
deixa um morto

mais uma explosão de carro-bomba
minas destruídas
os temporais matam e alagam
um indígena morre num velório

na Bolívia
depois de ter ingerido raticida
avalanches danificam estradas
uma favela está à espera

da ordem de despejo
assassinos atiram a esmo
labaredas de fogo
Ele ainda estava vivo,

outro carro está vindo
o silêncio –
é a única arma
contra o incêndio

Notícias

Caminhou ao lado de um míssil
numa rua
que não explodiu
catadores rasgam,

pilham e abandonam
os sacos de lixo
negociantes de inutilidades
estrago de parasitas

árvores condenadas
podem desabar
a qualquer momento
com a chuva

a raiz da seringueira arrebenta a calçada
buraco aberto
pela explosão de uma bomba
vestes grosseiras,

peles de ovelha
assassinatos seletivos
colonos
dilatação intacta de uma bala,

no Pará, a genitália do boto
é vendida como
amuleto do amor
uma balsa naufraga em Bangladesh

um tiro abate agora
mais um helicóptero
estupros como arma de guerra
elas também ficavam de bruços

La negra
piercings no nariz
uma explosão fere
palavras menos entregues

In a station of the metro

The apparition of these faces in the crowd;
Petals on a wet, black bough.

Abruptos tiras ocultos na multidão;
Tiros na nuca, um corpo espúrio no chão.

Legendas do muro

Para onde até quando
ser, ser, ser, ser
grades
viver além

viver além do muro
uma janela de quarto
uma janela de banheiro
o céu e um pinheiro

além do muro
no varal
as roupas impedem a visão
daqui, da rua

alguém sobe uma escada
para trocar o anúncio do outdoor
letras-musgo
devore nacos miúdos

e reles asteriscos
e fume, tragando fundo,
também o pó dos ciscos
e do gás carbônico

e sinta o cheiro que exala
de qualquer lata de lixo
put, gra
legendas de muros imundos

vigiadas pelos dorme-sujos
deixem de andar em quatro patas
deixa disso
la lectura ex-risos

o aroma do muro
um mijo
legendas sem sentido
aqueles dias muitos

em que você é adjunto
de si mesmo
o muro com seu lema
"nunca e sempre"

viver além do muro,
no topo do edifício
um ninho metálico
um útero

Ok, ok

Ok, ok o muro está praticamente destruído
ok, o muro é insensível
ao vento, à manhã, à tarde
a si mesmo

destruído
máquina do tempo,
sabotagem
musgo

desertar da sina de existir
rosicante burocrático
garr, div
a sós, a esmo

dane-se, vingança
escombros, palavras
tudo nosso
pense no mundo dos moluscos

e suas verdades matemáticas
eva asse essa ave
paradisíaca
um rato

entre os dentes carcomidos
como sempre
o tráfico está carregado
e áspero

De manhã

Um armário de cozinha
sem a fórmica,
feito de balcão, para apoiar os braços
e dar algum contorno ao espaço

colchões, sacos de papel espalhados
os carros passam em cima
na pista do viaduto
aqui embaixo

uma dúzia de mendigos
habitando o canteiro central da avenida
uma sombra funciona como cortina
na outra calçada um sofá branco

ao lado de um creme
não de pátina mas de tempo
abriga também o sono tardio de um vira-lata
atrás do flanco, de concreto,

onde estão os sofás
um fogão recebe a descarga
do escapamento de um Xsara
Picasso e de um Fiat lento

ali num canto alguns descarregam a carroça
varrem os ciscos
organizam o lixo
separam ávidos

objetos e sobras
os intactos dos avariados
nos sacos
uma pomba voa

sentado numa poltrona
um deles fuma, na manhã clara,
outro toma cajuína
estirado na calçada da esquina,

numa das vigas do viaduto,
entre as pistas, está escrito:
"Vida insana,
infernal, promíscua"

Moradores

Na ponta do túnel,
numa de suas saídas
para a avenida de edifícios altos,
onde há um canto,
pintado na parede
um detalhe de *Retirantes* de Candido
Portinari, óleo sobre concreto
sem lâmpada no teto,
os carros transitam sem parar
a mãe e seu bebê sentados
numa caixa de madeira
ao lado
um pescoço de
manequim feminino decepado –
um volume cinza
cinza talvez da tinta da caveira do bebê
no colo da mãe decora
a sala de visitas ao meio-dia
um sofá, real, verdadeiro
um par de caixas feito de cadeira
e mesa ao mesmo tempo
onde se compartilha monóxido
de carbono, aqui, um homem vadio
se dedica ao ócio

passageiros dos carros atiram
pontas de cigarro
na calça jeans e na blusa rosa
pendurados
nas tábuas soltas de um armário
varais
a lua cheia no quadro,
outra caveira, no colo do pai?

Silêncio

Uma mulher fala a sós
palavras desconexas
sentada, fumando,
no degrau da porta de uma loja,
uma mulher e dois homens,
um deles deitado no sofá,
o ruído do escapamento da
moto, motores, motores em movimento
um velocípede de brinquedo
ao lado do sofá
a mulher olha
o fogão a lenha improvisado
perto da calçada
esquentando as panelas
mãos no rosto
para limpar o suor
não há onde se recostar
o som ensurdecedor do atrito dos freios de amianto
a betoneira avança
há mais pessoas
caladas na mesma calçada
que divide as pistas sob o viaduto
uma carroça se aproxima, vazia,
um cachorro sentado segue

com o olhar os carros
rali insano
um homem junto à guia
limpa os restos
de comida do prato
o cachorro morde
o próprio rabo
sirene de uma ambulância
alguém se lembra do diabo
um rosto grafitado
na parede da boca do túnel
o rosto em close do *Grito* de Munch
mãos na cabeça
no entanto não há espirais
de pôr-do-sol entre nuvens
azul-turquesa súbito
mas apenas o túnel
escuro

Petróglifo 2

Garrafas e latas jogadas nos canteiros
lírio branco, rosas
lilases súbito espinhos
há putas na outra esquina

frases
se perdem na sombra
ampla de uma árvore
que se projeta

na parede de concreto
do respiro
da estação do metrô
(mais atrás

um edifício alto com janelas
abertas pela primavera)
Não mate os mendigos
Me desculpa por ser assim

Nunca venda sua revolta
recostados numa porta,
deitados na calçada
onde também urinam

e guardam o cachimbo
às vezes levam uma bolsa
e uma jóia
às vezes pedem esmola

Rotina

Um mendigo
ao revirar
uma lata de lixo
arrancou o pino
de uma granada
que decepou seu braço
os estilhaços perfuraram
seu olho esquerdo
e destroçaram seus lábios
e dentes, um vira-lata
morreu na hora
Gostava
da vida despedaçada
que o acolhia –
em sua explosiva rotina

•

Viva, em vermelho vivo
no muro
dois mendigos
largados na calçada
dormindo
indiferentes aos carros que passam
e ao alívio

da brisa
que atenua o calor de dezembro
um vira-lata dorme também
tranqüilo

Esteticismo

Enrolado como serpentina
na poltrona confortável
da calçada
pernas cruzadas

dispensa o serpete
porque não há jardim
sob o arco de aço, viaduto,
da poltrona, vibra

quando passa um carro
de grife, de prestígio
descansa de sua via-sacra
de óbolos

Arigatô Moro, Deus te pague!
a parede do viaduto é colorida
cheia de asteriscos prateados
até o teto

puxa firme o bico do cachimbo
de crack
se apóia, vipéreo, num báculo,
sol a pino,

para arrancar
bolsas, relógios, celulares
e vasculhar ainda
qualquer tipo de lixo

It's not looking great!

Cocaine, Kate
it's not looking great!
a Chanel deu aquele troco em você
a Burberry um adeus!

você precisa de uma ama-de-leite!
Desatenta, anoréxica
fumante, atéia
ateou fogo em sua carreira

pare de incensar esses merdinhas dos Strokes
sua filha se chama Lila Grace!
você está sozinha
hoje, numa clínica do Arizona

fora da plêiade!
as curvas de Karolina Kurkova
Diana Dondoe
devastadora, na capa da *Vogue*

the myth of fashion made flesh
a beleza camaleônica de
Amber Valletta
o sutiã de diamantes de Giselle

Tudo ruiu, Kate
vá para o inferno
ou para um mosteiro
rasgue seus cartões de crédito

a H&M trocou você
por Mariacarla Boscono
bella ragazza sexy
do calendário da Pirelli

que fazia boquete nos bosques
aceite!
a ragazza de Givenchy e do Cavalli
agora também da Stella McCartney

Siga, sentindo-se "drácula"!
Sua mosca cosmopolita!
Cocaine Kate,
it's not looking great!

Vestíbulo

Diana Dondoe – aclamada pela MODELS.com como "beautiful, brainy and A-list baby" – conta que veio da Romênia para estudar Letras em Paris. Fala de seu fascínio pelo optimisme noir de Cioran, de seu êxtase diante de Mircea Eliade e de sua paixão atroz pelas fábulas de dráculas dos Bálcãs: flores escuras se rompem – uivos – sob teias de aranha à meia-noite, capturadas por ofídios. Ouve Parazitii, Piaf, música erudita. Faz poemas, entre um fashion show e outro, uma capa e outra. Adora peças de bronze. Tem juízo. Tudo muda num minuto. Dólares voam de vuittons. Há mesmo um quê de verdade nos clichês? Cioran afirma que "as grandes verdades são ditas nos vestíbulos". Você se lembra desse Axiome quando desfila para Missoni, Prada, Balenciaga, Gautier, a velha Chanel ou para o glamour surrealista de Maska?

•

Depois do novo contrato milionário com a Virgin Mobile, Kate foi flagrada esquiando aos beijos com Jamie, o teen de piercing no nariz. Faz tudo a seu bel-prazer. Kate luta box consigo mesma, como sempre. Kate simula masturbar-se na neve de Aspen, numa demonstração, ostensiva, de poder.

Indisciplina

Casaco vinho, opaco
calça bege de brim desbotado
chinelos ainda
não totalmente gastos

com a mão no queixo
sentado, com um olhar de Nacho
sem relógio, num marasmo
à noite, usa um capuz preto

blusa vermelha, saia
azul estampada, cochilando
ao sol do fim da tarde de
verão numa pose de Emina

caída bermuda manchada
olhando a vista do viaduto
camiseta verde regata
calça bege, como um anônimo

no meio do tumulto dos carros e ônibus
de saia larga, blusa cavada
fumando à la Eloise
ostensivamente

camiseta bordô, calça preta de nylon
com fio branco nas laterais
sapatos bege, como um Noah
cruzando a passarela da avenida

vazia, de peito aberto
camiseta camuflada
calça branca, cinto Rucci, clássico
exibindo-se

estilo Nu.Luxe
no banco de trás da estátua
blusa preta
estrategicamente rasgada

colar azul de conchas
moletom cinza, bambo,
quando anda,
tipo casual, chinelos lilases

como uma Inguna
maltrapilha, num
estilo apátrida
sentada na mureta da praça

cabeça baixa
batendo nos joelhos,
gravata invisível Hugo Boss
camisa branca, calça preta

num momento
de puro Ambrose
camiseta ocre DIGNAS
MOSKAS grafitado

na parede ao seu redor
calça preta malhada
jogando milho
para as pombas

de passagem muito suor
camisa amarela de manga longa
jeans lavados tipo Zoomp
meias meio vinho

sentada à la Querelle
na porta da lanchonete
fazendo vigília
por um prato de comida

a outra, à la Marika, vestido
vermelho, descalça, no calor
cara feia é fome mesmo
camisa azul, bêbado,

cambaleante, com uma véstia,
à la Kenzo, pelo beco
quimono, calça branca
sob a chuva

japonisme, tipo trapista
um Buda fedido
feche a bolsa
acabe com o jogo

silhueta resgatada
blusa Fendi, calça Armani
sapatos Helmut Lang
a vítima o reconheceu na rua

e chamou a polícia
jeans cinza, tênis amarelo
desfilando
na calçada, lépido

como um LaCrocq ou um Vescovi
revolvendo afoito o saco
de latas velhas
Coca, Skol, Pepsi, Skin

logo de manhã
camiseta azul ostentando
a palavra ZULU
moletom preto puído

botas furadas, grafite
à la Yves Saint Laurent
sob o sol de cada dia
muito glitz, muito glam

Duas linhas

Mula de kleins, valentinos
guccis, missonis
cavalga num camelo
num gato e numa limusine

para as lentes de Testino
mula de Versace
fazendo sexo sáfico
com Sadie e Davinia

sempre em posições
impossíveis para dormir
andando a cavalo
com Marianne Faithfull

ouvindo as guitarras bárbaras
de "Sister Morphine",
afogada em poças de perfume
guia dos amigos

também desprezíveis
obnóxios, párias
que fazem swing
musa do thatcherismo

bomba bêbada
usa disfarces
para revelar-se
no começo, transportava

nas calcinhas e sutiãs
em valises de Klein
delicia-se com iguarias em bandejas
I hate Kate

I push Bush
ficou quatro semanas imobilizada
por argolas fixas
grades pontiagudas

num quarto escuro
em permanente eclipse
e foi lavada com água suja
para que refletisse

a fome arranca as entranhas
o som arrebenta os tímpanos
botas de veludo Alexander McQueen
negras

outro soldado entra
no quarto o alarme soa
estridente
e multiplica o suplício

Música

Acorrentados numa parede
num quarto sem luz
purgatório antes da morte
os prisioneiros de guerra árabes

do exército americano
ouviam
"Te estrangulei até a morte,
depois quebrei tuas pernas"

com Eminem aos berros
de Britney Spears
voz histérica
"Toxic" ou outra qualquer

do Metallica "Jump in the fire"
torvo torpedo torpente
e do chicano Rage Against The Machine
uma faixa que falava

de Ciudad Juárez
sexo com mortos
mutilação de clitóris
snuff, aldravas

atormentados, acorrentados
apesar do ruído branco
durante os interrogatórios
nada falavam.

Deus

Louco tesão
que me invade de tesão
minha língua desliza
em seu sexo ereto

alisando sua virilha
sem intérpretes
seu pênis arrogante
entra e sai

de minha garganta
depois seu corpo
sem íngua ou inibição
por trás declive

arrebenta as barbatanas
do meu ânus
agora
mãos pegajosas

em suas costas
pela frente justo
penetra no meu
como réptil bruto

esmagando o colo
do meu útero
onde neste canto agudo
súbito Deus é útil

Extinção

O lobo-guará é manso
foge diante de qualquer ameaça
é solitário
avesso ao dia, tímido

detesta as cidades
para fugir do ataque
cada vez mais inevitável
dos cachorros

atravessa estradas
onde quase sempre é atropelado
onívoro, com mandíbulas fracas
come pássaros, ratos, ovos, frutas

às vezes, quando está perdido,
vasculha latas de lixo nas ruas
engasga ao mastigar garrafas
de plástico ou isopores

se corta e ou morre ao morder
lâmpadas fluorescentes
ou engolir fios elétricos
morre ao lamber inseticidas

ou restos de tinta
ou ao engolir remédios vencidos
ou seringas e agulhas descartáveis

dócil, sem astúcia,
é facilmente capturado e morto
por traficantes de pele
quando então uiva

Página

Para fugir dos pássaros,
qualquer pio ou gárrulo,
e da língua bífida das lagartixas
a borboleta se disfarça,

e, ao pousar na haste
de um bico-de-papagaio,
expõe como disfarce
a malha cinza

que há na parte
debaixo de suas asas
toca-se pelas antenas
e se acasala

em pleno vôo
uma borboleta vê
ao mesmo tempo
visão aguçada

a flor da azálea
o lixo real,
e o verdadeiro
desta página

Uma nuvem de palavras

O pio de alegria da cambacica
diante do bebedouro na janela
vista ampla
o pio agora síncope

cortante de picotar
bebe a água de cabeça para cima
olhando para o céu
peito amarelo

com estrias brancas na cabeça
em cada uma das têmporas
um urubu voa, velocíssimo,
ante a iminência

da chuva forte, agora de granizo.
Silêncio, estio
agonia das gotas no vidro
pios de aviso

como agulhas
dentro do bebedouro
uma espiral de bolhas,
em contrafuga

na tarde quente e clara
uma nuvem de palavras
dorso gris
súbito se rasga

Petróglifo 3

A montanha
o morro, na ilha
o mar, o mormaço
o barco, as dunas

o vento age
nas árvores
adivinhando chuva
na rocha, traços

em baixo-relevo
um olho, uma astronave?
uma coruja, um
rosto de morcego?

disfarces, onde?
para lá do eco
o céu brusco esconde
agora a linha reta

dos objetos
nada é suave
estrelas estranhas
à paisagem

Sem título

Para Arkadii Dragomoshchenko

Quase ninguém vê
o que eu vejo nas palavras
bizantino iconoclasmo
o relógio marca meia-noite ou meio-dia?

a Susi está em transe
ouvindo música
cha rá rá cha rô
teatro da ralé

o sol brilha através das árvores
num dia de outono claro
o Brasil é uma selva onde
cobras devoram tortas na rua

zmei ediat znanie
onde putos andam nus
sob a sombra de ocás
e usam a madeira

para fazer jangadas arcaicas
um muro sujo é uma sala vip
o sarcófago corroído de Chernobyl
um mendigo poluindo a calçada

pés sobre os sacos de lixo
caem painas do céu da cidade
um Infiniti FX passa
em alta velocidade

The new alphabet

asker
aborto
beggar
boca às moscas
chatter
chacina
destitute
desovar presuntos
evil
estupro
fly-by-night
fava, favela
glum
gente às avessas
hobo
hoje
insurgent
indigente
junky
jamais
kiss of death
kitchenette
leper
levar vantagem em tudo
mendicant

mendingo, mendigo, mêndigo, mendrugo
negro
necrófilo
outcast
opróbrio
penniless
papas na língua
quashed
que se fodam!
rotten
renda
sneak
seu sujo, sanguessuga
tatters
traficantes quebram as asas do uirapuru para realçar
    a beleza de sua coroa azul
untouchable
unhas-de-fome
vagabond
vespa
whisper
write-off
x
xangô
yard
yuppie
zero
zebra, zero à esquerda

Definitions of Brazil
(Com Charles Bernstein)

Brazil is located on the southern tears of the Americas
Brazil is a jungle with snakes who eat cakes
Brazil speaks Lebanese, Portuguese, Japanese,
    Guarnaríse, Tupiese, *Inglese*
Brazil is an adulterating medley of intoxicated
    syncopations
Brazil has no relationship with itself because it has a
    relation only to itself
Brazil lays its cool hands on your hot head
Brazil was colonized by Indians who turned the
    Portuguese into natives
Brazil's Tolstoy is now doing tricks in a favela
Brazil is a land of palms and psalms
Brazil is the model of a model
Brazil is a charm bracelet that has become the necklace
    of the continent: São Paulo more European than St.
    Paul, Brazillia more bureaucratic than Geneva, Rio
    more alluring than Boca
"They've got an awful lot of coffee in Brazil"
In Brazil, the cuckoo sings "macaw, macaw, macaw"
Brazil is private property of no man's God and no
    woman's Fury
The patron saint of Brazil is its dreams, just as is its Devil

Brazil is a carioca not a polka
Brazil is Carmen Miranda's Tutti Frutti hats, Caetano Veloso's all-weather tropicalismo, Bebel Gilberto's number on the charts.
Brazil is the Elis and Tom "Waters of March" International Airport and Spa
Brazil is caipirinha with feijoada (caipira with fedora)
Brazil is home of the cassava or tapioca, what you call *yuca*, or *mandioca* or *aipim* or *moogo* or *macaxeira* or *singkong* or *tugi* or *balinghoy* or *manioc*
Brazil is the black mask of the PCC inscribed with the words *traitor, betrayer*
Brazil is 186 million stories, 186,000 poems, but only these definitions
Put your stocks in Brazil and your bonds in China, or is it the other way around?
Brazil is a figment of the imagination of the Amazon
If Pelé is poet laureate of Brazil, without ever writing a word, then Ronaldo Gaúcho
is the Nijinsky, without ever having set foot in the Ballet Russe
Brazil is not emerging it's proliferating
The official religion of Brazil is not just samba but macumba and umbanda, tarantella and churrasco
Candomblé is the Brazil wood of world philosophy
Brazil is Fred & Ginger *Flying Down to Rio* with Dolores Del Rio

Under the veneer of its vivacity, Brazil is violent, a vile viper playing a violet viola.
In Brazil, anything goes for a chance, for a price, for a piece, for a dance, for a fight, for a night; *jeitinho brasileiro* is born free but everywhere in chains
Brazil's face never shows its heart even when they are identical
Brazil stars Bob Hoskins, Jonathan Pryce, and Robert DeNiro
Brazil was written by Terry Gilliam and Tom Stoppard
Brazil is concrete and syncretic
Brazil is impenetrable and forgiving
Brazil is cannibalizing and carnivallizing
Brazil is a baroque barcarolle with a bossa nova beat
Brazil's Lula is a little loco, but not as loco as Lucy
On Ipanema beach, at the very moment when dusk turns to night, you can hear Orpheus singing for Eurydice; he sings an elegy called Brazil
In Brazil, the real is the only currency that counts

O elefante

Os membros maciços do elefante
e de aliá
seus incisivos, presas afiadas, infantaria
possantes patas de cinco dedos

unhas-mísseis, fuzis no umbigo
destruindo
com pontas agudas de marfim
os campos amarelos de papoulas

torturando com a tromba
a réplica do último profeta,
esmagando seus destroços
Incinera, em nome de Deus,

o lixo branco
white trash e seus trastes
lançando
caças de sua cernelha

com o lança-chamas das orelhas de abano
têmporas graves
dispara
contra os niggas e os vermelhos

excita-se
com a carga explosiva das palavras
quando então soa o alarme
o grunhido elefantino do sarin

dissolve os tecidos dos corpos
o chiado do vx paralisa
todos os ossos
e não há tempo para limpar os mortos

Sinopse

Cadáveres jogados pelas ruas
decapitados
cães disputam a carniça aos pedaços
um corpo incha e míngua

moscas sussurram num tímpano queimado
uma hiena, pálida, gargalha
abutres estúpidos nutrem-se das vísceras
um cão devora a caixa torácica

hã, hum
uma águia agarra a língua
os corpos exumados dos soldados
hã, hum

fiéis se esmagam ao apedrejar o diabo
um mendigo faminto exibe o próprio umbigo
hã, hum
cintura de Barbie

hã, hum
os morcegos estão com asma
hã, hum
palavras deflagram carcaças

Prosa

Um poema não se vende como música, não se vende como quadro, como canção, ninguém dá um centavo, uma fava, um poema não vive além de suas palavras, sóis às avessas, não se vende como prosa, só como história ou arremedo de poema, não se vende como ferro-velho, pedaços de mangueira de um jardim, tambores de óleo queimado, sequer um pintassilgo, cantando no aterro de lixo ou a língua negra dos esgotos, que floresce algas, não se vende como grafite, não se vende como foto, vídeo ou filme de arte, não se vende como réplica ou post card, mau negociante de inutilidades, me tenha impregnado da praga das palavras

Vidro fumê

Anjo é uma cabeceira de uma cama tubular. *Escorpião*, um escapamento. *Aranha*, um extintor. Um tanque de gasolina, *Beautiful fragrance*. *Anja*, uma calota prateada. Um cinzeiro preservado, de luxe, *Marika*. *O sol das sílabas sem sentido*, um farolete. O banco traseiro de uma van, *Favela*. Um motor imóvel, motor fundido, *Urso polar* – efeito estufa, degelo do pólo, que o deixa faminto. Pneus carecas, *Gigogas*, as plantas que só nascem nos esgotos. Câmbio, *Túmulo*. O pus das úlceras de um radiador arrasado, *Vurmo*. O capô enferrujado, *Força de Einstein*. *Cansaço*, uma dupla de carburadores. *Às moscas*, uma carcaça depenada. *Bagatelas*, um par de retrovisores velhos e vários espelhos. *Sem espectadores*, um vidro fumê, esmaecido, dianteiro.

Bagatelles

Ao tocar sua antena
o vento, persistente,
interfere na freqüência do rádio
e impede a sintonia da estação

feche as janelas
feche a porta da sala
acabe com esse vento maldito
mude o rádio de lugar

para que se possa ouvir
os quatro movimentos
de *Bagatelles*

não importa o pó dos livros
a fumaça do cigarro?
não se importe com seu cheiro e nicotina

alísio iníquo
torre metálica horrenda
feche a cortina, rápido
não vale a pena

o céu está mesmo cinzento
há muitos prédios de apartamentos
com fachadas à la Texas
embora haja árvores floridas

suas flores estão fora de época
e cheias de pássaros pretos
o ar poluído arde
o tempo está muito seco

acabe com esse vento
o vento provoca
um irritante balançar de árvores e antenas

ajuste depressa a freqüência
para não perder – ao menos –
o último movimento.

O sono
Para Nayra Ganhito

Durmo acordado
acordo dormindo
a manhã não é manhã
acordo súbito

sempre
é um sono entre dentes
com vasos de férulas
no criado-mudo

durmo me matando
acordo de ressaca
engolindo o estômago
não durmo

o sono não se inicia
a cabeça me soletra
pesadelos
ouço a música

de um banjo
feito de uma lata opaca
durmo com medo
de não dormir

de acordar abrupto
vivo em estado de vigília
insônia ínsita
a me fertilizar narciso

a insônia é vício
pulsos cortados
gilete, comprimidos
irrompe um suicídio

qualquer coisa me invade
o sono não existe
preciso fumar mais
um cigarro

musgo viscoso da memória
escolhido a dedo
a memória me molesta
desleal, pesada

o sono é pisadeira
durmo acordado
acordo letargo
e a noite pisa em mim

Aqueloutro

Dizem que sou um dúbio mascarado
Um falso atônito
que fala sem tom nem som
que nunca deu sequer um berro ao Ideal
Um ingrato
arrotando disparates "avant-garde"
Um irascível, mau-caráter
Um filho da puta, desleal,
asco de vômito
Um gelado, que passa ao largo
de cadáveres atropelados

•

Me mato todos os dias de um modo homeopático
Loquazes, gárrulos!

Tambor de mina

Há cacos de vidro na comida todos os dias
A ilha de Anjadiva está à deriva
Carpe diem,
carpe idem a rotina dos dias

Sex is sx
O esperma congelado dos mamutes
O uivo trêmulo revela tristeza e queixa
Há um movimento para liquidar os cães loucos na China

O basenji não late nunca
para também
surpreender suas presas nos terrenos aduncos
A *Parotia berlepschi* ou ave-do-paraíso está quase extinta

Um pássaro, atingido por uma bala perdida
O pixarro é cobiçado pelo tráfico
No Jardim do Éden,
há resíduos altamente enriquecidos de maçã

Dói-me a flor
A estrela resplandece pesadelos
Um dionísio corcunda, full love,
freqüenta o bazar das utopias

Uma prisca
Há um ranho estranho no nariz do executivo
Doe – como Lucky –
um kit de ossos de galinha,

sopa de açorda e agasalhos usados
para seus vassalos
O acúmulo de lixo irrita meu fígado
O reduto é – agora – pó e cinzas

A chuva inunda as ruas
A vodunce dança
uma dança que afasta como faca
o exu

Ligue suas palavras
com língua e agulha
esmague a farpa do anzol
e pesque à pluma

Um poema

A top-problema aproveita
para publicar um poema
dedicado a Pete Doherty
na *British Literary*:

"Você adora as drogas mais do que a mim
É por isso que derramo tantas lágrimas
É por isso que não tenho forças para mais nada"

Um paparazzo fotografou sua silhueta esbelta
numa praia misteriosa
la dolce vita
maiô preto
ela deixou um dos seios à mostra

Eleita uma das mais elegantes do mundo,
deixou para trás
até Condoleezza Rice

No clipe da canção
"I just don't know what to do with myself"
dos White Stripes
dançou de calcinha e sutiã
mostrou o hímen

túmido
passou creme
imitou Elvis
ficou de quatro

e na festa dos Stones em Amsterdã
falou como uma demente;
de barato, foi carregada para o quarto
à força, numa cena caliente

Num outdoor, seus dedos, contudo,
seguram, firmes – com ênfase –,
o novo batom bicolor da Rimmel,
que atravessa todo o seu rosto
na linha do nariz, como um pênis

Página órfã

Um semáforo
não cabe num parágrafo,
cúmplice passivo
dos mendigos

presentes no velório,
porta da garagem,
dos quatro ratos assassinados
por pigmeus finados

fãs de tânatos
Uma negra posterga seu semblante
na entremanhã seca
e parabólica dos prédios

Jesus é um recurso abstrato
que ela traz debaixo do braço
jardins de aspérulas
e cabeças-brancas

na calçada, uma caçamba
objetos abandonados
Nem uma dupla cabeça de Hermes
entenderia aquele homem

dormindo na cadeira
sobre o entulho e o lixo,
beco sem saída, página órfã,
nunca, imitação de vida

A palavra-carcaça de Bonvicino
João Adolfo Hansen

Régis Bonvicino compõe os poemas de *Página órfã* por justaposição integradora de pedaços de discursos disparatados – não usa fragmentos, pois não pressupõe sujeito substancial nem todo – efetuando uma referência, o presente da vida capitalista. Sua matéria é o *Junkspace* da fórmula de Rem Koolhaas: o espaço-lixo que as metástases dos processos industriais e financeiros da assim chamada civilização norte-americana espalham mundialmente como um todo sem todo de competição empresarial, eletrônica minimalista *high tech*, despedaçamentos de corpos em escala industrial, narcisismo e apatia da alma regressiva. Em 2007, quando as oposições do pensamento, as oposições políticas e as oposições estéticas modernas estão arquivadas pelo capital, a referência efetuada é a da mesma barbárie *kitsch*, Disney-pop-policial, do tempo em que a negação das oposições tinha valor, sentido e eficácia. O lixão da cultura contemporânea não tem memória, e suas artes descartam a hierarquia moderna do valor estético na equivalência do "liberou geral" geral. Ilustradas e finas como um político brasileiro, profundas e filósofas como um empresário, retinas céticas fatigadas de tanta experiência, suspiram, líricas e veadíssimas, que *la chair est triste* e que Rimbaud ou Drummond ou Beckett já eram. Tudo "já era" no "é" do presente contínuo da troca mercantil e tudo devém "já era" nos fluxos do seu estético anestésico. O último poema do livro, "Página órfã", indicia as condições da sua leitura em 2007: "Nem uma dupla cabeça de Hermes / entenderia aquele homem / dormindo na cadeira / sobre o entulho e o lixo, / beco sem saída, página órfã, / nunca, imitação de vida".

Nadando contra a maré e caçando lebre com boi, Bonvicino é moderno. Intensifica a barbárie da referência e dramatiza pressupostos estéticos e políticos de sua poesia sabendo coisas fundamentais, hoje arquivadas. Sabe que a liberdade livre da poesia é memória de regras rigorosas aplicadas à racionalização negativa da forma. Sabe que a aplicação das regras é memória do sofrimento – "*Andromaque, je pense à vous*" –, rimando tédio, angústia, desprezo e liberdade. Sabe que para gozar é preciso matar o Pai. E que muitos se matam porque querem viver. Leminski, por exemplo, viu que não tinha mais para onde ir e fez do auto-apodrecimento um desregramento de todos os sentidos. No seu devir-favela-gueto, adubou o cadáver futuro com fumo uísque alguma poesia *and something else*. Sabe que Leminski foi um cara bonito legal coerente admirável. Sabe que *nine out of ten computers* are *infected with dollars and narcisism*. Que Rimbaud *never more*. Que hoje o corvo não pousa mais no busto de Palas. Que nem tem idéia do que é Palas, nem precisa, mas continua grasnando que Leminski foi estúpido porque não foi realista. Sabe que o corvo vai ao que interessa. Sabe que o corvo é vil. Sabe que esta é uma sociedade de corvos. Sabe que o imaginário desta sociedade é limitado ao sul pelo shopping, a oeste pela polícia, a leste pela religião. Sabe que não tem norte, que não é livre, que não tem imaginação, que ignora radicalmente o simbólico, que não deseja poesia ou o que já se chamou "o espírito". Sabe que o talão de cheque libera e o revólver compensa o retorno do recalcado. Sabe que em 2007 o desejo de emagrecer corresponde ao desejo de desmaterialização do corpo internáutico na grande saúde da eficiência no trabalho. Sabe que sua poesia é mortal e precária, insignificante. Sabe que deve insistir: "me tenha impregnado da praga das palavras" ("Prosa"). Sabe que é ineficaz o que o poeta pode dizer da miséria, que a palavra cão não morde, que a poesia é uma espécie de miséria incluída na miséria maior que a desdenha e ignora. Sabendo tanta coisa, sabe principalmente que o poema sempre se vende como mercadoria. E que poemas pra valer sempre são mercadoria como a palavra "rosa" é a flor ártica que não é flor. Em 2007, suspenso nas bordas do buraco negro de seu saber, sabe principalmente o que não quer. Não quer a beleza, cosmético; não quer experimentalismo, pois não há experiências reais; não quer a concretagem da metalinguagem, pois a realidade não é texto; não quer o pastiche, não quer a citação, não quer a estilização, não quer a imitação à moda de, não quer o neo-neo do retrô geral. Principalmente, não quer o individual regressivo e apático. Deseja o outro do recalcado, o impessoal, o neutro, o duro, o seco, do movimento negativo para além das convenções do nenhum gosto do nenhum estilo contemporâneo. Como aquele pássaro doido e azul que se chocou contra a asa do avião, sua poesia é negação.

Há método em sua mistura. Bonvicino compõe a referência despedaçada de *Página órfã* como um evangelho do feio cuja boa-nova é *obra*, no sentido literal do termo, merda e morte. A referência é eficaz, pois a feiúra do seu horror aparece como ainda apta para deformar e incomodar, com o mal-estar da sua sombria agitação, o tempo raso do leitor sem experiência de passado e expectativa de futuro. A referência é eficaz principalmente porque autodeformante: suas posições, instantes, corpos, coisas e estados de coisas são vis ou tendem para o rebaixamento, como restos destituídos de profundidade, elevação, liberdade e sentido temporal definido. O tempo da referência é o de uma superfície parada e ondulatória, como a de um rio-esgoto latino-americano ou africano ou asiático, incessantemente arrepiada por modulações transitórias como ondas de choque fazendo vibrar restos de resíduos misturados no sangue da violência e na sacarina do *kitsch* de várias fontes. A experiência desse tempo na leitura faz pensar no conceito deleuziano do "tempo-peneira" das sociedades de controle pós-modernas: o tempo feixe contínuo de trocas flutuantes sem orientação definida de futuro e memória de passado em que os indivíduos tornaram-se *dividuais*, objetos de forças anônimas que engatam o desejo dividido em coisas arcaicas da pulsão de morte, e as massas humanas, aglutinações de divíduos como amostras, dados, cifras e mercados, estimuladas a gozar as alegrias do *marketing*. Caracterizada pelo naturalismo brutalista e apático do imaginário-shopping que unifica observador e coisa observada em afetos parciais descartáveis, a referência é "beco sem saída" e "nunca" de um não-lugar de desamor onde se exerce uma história natural da decomposição.

A efetuação da sua bruteza apática é intensa e vívida; enfatiza o sórdido, áspero e porco dos contrastes. Sua sordidez sem esperança poderia fazer supor um gosto pelo resíduo só momentaneamente esquecido nos poemas em que a natureza que resta é descrita em sua inumanidade ("Petróglifo", "Agonia") de matéria ainda não transformada em ruína ("Extinção"). Não se trata de "gosto", mas de efeito de decomposição programático, que começa com a dissolução do sujeito de enunciação. Não é pleno, a não ser de angústia e náusea, não ocupa nenhuma posição exterior e superior de "verdade" moral ou "certeza" política quando enuncia pedaços. A enunciação é constativa e inclui-se como um deles no espetáculo dos resíduos, marcando sua diferença pela autodecomposição de si mesma nos fluxos das pulsões depressivas da coisa observada. O "eu" escorre nas formas dos pedaços de uma terceira pessoa impessoal que constata: "Seus dentes poderiam fazer merchandising/ de maconha/ embora façam de Colgate/ dos lóbulos caem pingentes/ to sell ou vender/ seus pés não pisam em piso falso/ e andam descalços/ num clipe ou num filme" ("Roupoema"). Por vezes, a enunciação dramatiza a voz em primeira pessoa de um *spam* que emite resíduos de sexo onde Deus finalmente revela ter alguma utilidade: "pela frente justo/ penetra no meu/ como réptil bruto/ esmagando o colo/ do meu útero/ onde neste canto agudo/ súbito Deus é útil" ("Deus"). Ou monologa: "Fedendo a cigarro e a mim mesmo/ cruzo uma avenida/ ao anoitecer/ sirenes, carros/ vozes abafadas" ("Caminho de hamster"). A simultaneidade dos espaços, os pedaços disparatados e os afetos das experiências são modulados pela mesma energia apática. Repete-se da superfície da palavra para o silêncio dos intervalos, muda de posição de um ponto para outro, de um instante para outro, idêntica no diverso, como esses rios de São Paulo que continuamente passam coalhados do que sobrou, sem que a essência de seu perfume de classe dominante passe.

Não seria necessário dizer que a referência dos poemas não é prévia, mas efetuada por eles como agenciamento de significações que só existem na leitura. Como o leitor reconhece muitas das significações, que são as da existência *Junkspace* contemporânea, poderá supor que *Página órfã* é reprodução naturalista, "imitação da vida". E se equivocará, pois é poesia moderna: autoconsciente dos seus processos produtivos, não "imitação *da* vida", mas "imitação *de* vida", como mimese de vida da referência efetuada na leitura. Logo, mais fundamental que "o quê" os poemas dizem é o seu "como": o estilo. Seria possível lê-los como se os pedaços fossem *ready made*, fórmulas prontas, que o poeta transferiria de textos poéticos modernos e das linguagens dos *media*, refuncionalizando-as em novas funções compositivas. A hipótese é pertinente, por exemplo, quando cita grifes de mercadorias contemporâneas repolitizando-as para compor um caráter ou uma ação degradados. Mas não se trata apenas de agenciamento de matérias acabadas, pois Bonvicino faz contínuas menções teóricas à palavra como elemento construtivo da realidade do possível de sua arte. As menções evidenciam que sua poesia não reproduz simplesmente o que provém de uma tradição qualquer conferindo-lhe novas funções, mas resulta de seu posicionamento conscientemente crítico na chamada "tradição" da poesia moderna brasileira e estrangeira como dramatização contínua dos procedimentos com que constrói a referência, como a justaposição, a falta de pontuação, a descontinuidade sintática, a montagem, a mistura estilística, as incongruências semânticas, o contraste, a síntese e o silêncio, evidenciando uma concepção determinada de "palavra poética" que, podendo incluir o procedimento de *ready made*, não se reduz a ele. No poema "Morte", lê-se:

> *nossos filhos da puta*
> *vende-se*
> *Est*
> *sucata de verbo pedaços*

Eficazes, os pedaços são das melhores coisas do livro. A fórmula "nossos filhos da puta" traz para perto do leitor, como propriedade partilhada ou comum, "nossos", tipos e ações que se acredita correntemente distantes de "nós", por exemplo os varões de Plutarco da chamada "vida pública" brasileira. O pronome possessivo constitui a sordidez como o que ela é literalmente no país – nossa sordidez corporativa –, propondo que também os laços particulares da nossa honesta vida de relação estão determinados pela mercadoria e como mercadoria: "vende-se". A dissolução semântica dos laços é diagramada pela justaposição sintática dos pedaços que efetuam a não-conexão aparente. O efeito é intensificado pela justaposição do latim *est*, verbo essencial da predicação do ser ou da qualidade da presença do presente na coisa predicada: não Idéia, Ser, Deus, Razão, Revolução, mas restos de coisas, homens e linguagens produzidos por processos mercantis de "nossos filhos da puta" que os transformam em "sucata de verbo pedaços". A fórmula "sucata de verbo pedaços" é auto-referencial, pois ela mesma é "sucata de verbo pedaços". Faz menção a si mesma, propondo o que também se acha nos outros poemas: a palavra poética é um resíduo da memória da experiência histórica da poesia, "pedaços", que intensificam a significação de fragmentos de poetas modernos, como o "para nós só há tentativa", de T. S. Eliot, ou o "barro sem esperança de escultura", de Drummond. A intensificação afirma-se como poética programaticamente desarmônica que nega antes de tudo as funções normalizadoras da poesia em tempos pós-modernos. É o que se lê em "Manuscrito": "palavras / uma garrafa lançada ao mar? não / palavras / uma garrafa atirada contra o espelho". A definição da função da palavra poética é negativa: não garrafa lançada ao mar, como expressão e comunicação. A referência efetuada nos poemas é a de um mundo que comunica a comunicação, nivelando todas as experiências no *no man is an island* porque não há segredo: a mercadoria constitui o mais íntimo de todos. Todo homem desse mundo é evidentemente uma ilha, e as palavras são garrafa atirada contra o espelho. O espelho, figura clássica da mimese, aqui é signo do narcisismo da cultura contemporânea. Novamente, a menção à palavra evidencia pressupostos poéticos e políticos em níveis operatórios de sentido: a palavra é técnica, material e procedimento do trabalho de transformação de linguagens brutas e linguagens poéticas em linguagem artística; política, intervenção moderna que recusa o mimetismo generalizado; pragmática, pois, assim como as forças empresariais agem sobre os corpos produzindo dejetos, a palavra poética age sobre o leitor arruinando seu imaginário. Em "Sinopse", "palavras deflagram carcaças". A formulação é condensada e significa a referência, onde palavras de ordem, como as da música do terrorismo norte-americano durante a tortura de prisioneiros árabes – "Te estrangulei até a morte, / depois quebrei tuas pernas" – produzem carcaças literais. Mas também a memória da carcaça da negatividade da poesia moderna hoje arquivada como fóssil. A dupla deflagração se lê "In a station of the metro": o poema de Pound, "The apparition of these faces in the crowd:/ Petals on a wet, black bough", é incluído como parte do texto, sendo produzida ativamente como resto ou carcaça moderna pela outra parte, "tradução" *up-to-date* que estabelece equivalências descendentes – "Abruptos tiras [= the apparition] ocultos na multidão [= in the crowd]; Tiros na nuca [= petals], um corpo espúrio no chão [= on a wet, black bough]". Ao mesmo tempo, os dois versos finais efetuam a referência pós-moderna do poema: a morte policial dos Jean Charles de Menezes contemporâneos. A mesma transformação negativa se lê em "The new alphabet", rol de termos e fórmulas de A a Z, que cita o "Isso é aquilo" drummondiano, substituindo as ambigüidades dos acasos da composição por sínteses parciais negativas ou definições negativas da experiência brasileira contemporânea. Por exemplo, a letra E: "estupro"; M: "mendingo, mendigo, mêndigo, mendrugo"; Q: "que se fodam!; T: "traficantes quebram as asas do uirapuru para realçar a beleza de sua coroa azul".

Poeta culto, Bonvicino escreve conhecendo a chamada "tradição do novo da poesia moderna": vanguardas dos anos 50, João Cabral, Murilo Mendes, Drummond, Oswald de Andrade, Ezra Pound, T. S. Eliot, William Carlos Williams, Beckett e um grande etc. Não é poeta à caça de imagens, mas destruidor de imagens. A literalidade de seu discurso busca evidenciar o que importa, o princípio que regula a presença do presente. Recusa o sentido figurado, principalmente a metáfora. Com exceção do poema em que formigas são alegorias, a dominante de sua poesia é a palavra em estado de *everyday use*. Não acredita no "indizível"; por isso mesmo, a auto-referência da palavra faz menção ao silêncio. Sabe com Wittgenstein que não há nada para dizer senão o que se pode dizer. A interdição de dizer mais do que o dizer pode dizer compõe nos poemas um exterior vazio e indizível não como substância, mas como efeito simbólico dos limites da operação. Aqui, sua poesia constrói os espaços entre os pedaços justapostos como lugar de uma *actio*, uma retórica parcial de ações não-ditas, como interrupção do significado, suspensão valorativa, desfalecimento do sentido, elisão irônica, contra-efetuação etc., que se dão à leitura como um resto material do gesto poético irredutível a significados lingüísticos ou à semantização do discurso. Se a justaposição de pedaços *diz* o despedaçamento, os espaços vazios entre eles *fazem* o que não dizem: espaços vazios e pedaços são funcionalmente homólogos, produzindo a referência despedaçada e o modo negativo da sua experiência, que condensa a intensidade do horror de experiências inomináveis e mortais.

Os poemas são satíricos, entendendo-se "satírico" na acepção antiga de "mescla estilística", não na acepção iluminista e pós-iluminista da crítica moral determinada por "verdades". A mescla estilística põe em cena representações contrastantes de registros discursivos da cultura espetacular. David Wellbery lembra que a representação teatral é verdadeira não porque duplica o real, mas porque presenta a sua teatralidade. Como composição sensível de pedaços de coisas e de estados de coisas disparatados, a mescla estilística dramatiza a teatralidade da espetacularização da vida *Junkspace*, fazendo falar as parcialidades de seus registros discursivos. Para fazê-lo, também se autodramatiza, evidenciando sua particularidade de poesia datada.

Um grego antigo dizia que é o olho que tem necessidade de beleza, pois o intelecto goza com a habilidade do artifício que inventa coisas feias. Auden dizia o mesmo de modo mais poético: o poeta nos faz alegres com a felicidade da forma que figura suas maiores dores. Os pedaços dos poemas de *Página órfã* só funcionam poeticamente porque se referem uns aos outros como elementos construtivos do poema particular em que ocorrem; como elementos que referem outros, são imediatamente auto-referenciais. Por serem aplicados como integração de descontinuidades e incongruências discursivas, não pressupõem o ponto de vista unitário de um "eu" expressivo, mas têm a objetividade distanciada de elementos que, abstraídos de diversos lugares sociais, são construtivamente aplicados como mescla estilística que efetua a referência incongruente. Cada um deles põe em cena temporalidades disparatadas de eventos e coisas da matéria social donde o poeta os abstrai, sintetizando-os como definições sensíveis. Por exemplo: "Sex is sx/ O esperma congelado dos mamutes/ O uivo trêmulo revela tristeza e queixa/ Há um movimento para liquidar os cães loucos na China". Justapostos como pedaços auto-referenciais que se interdefinem no espaço do poema, compõem a auto-referência de si mesmos e do texto como dramatização de temas do imaginário pós-moderno, como o da função da arte, da cooptação do artista, da apatia das formas regressivas com que se exerce e sofre a violência etc. Simultaneamente, põem em cena o próprio processo poético que inventa sua dramatização. Se a significação efetuada em cada pedaço é aleatória e deformada, o processo de repetição do modo de compor por justaposição de pedaços é sistemático e programático, dramatizando um projeto poético coerente. Sabemos desde os gregos que o pintor que pinta com arte um focinho torto não é inepto. Bonvicino é pintor quando compõe com artifício programaticamente deformado suas naturezas-mortas. Não há método na inconsciência de seus personagens vivendo o imaginário da referência pós-moderna. Mas há método na mistura poética que os inventa como resíduos-metáforas da inconsciência do imaginário e da destruição conscientemente programada do seu tempo-Bush.

A autoconsciência do despedaçamento programático se evidencia também na disposição dos poemas no livro: os dois primeiros efetuam referências à natureza; o quarto, "Azulejo", sintetiza a experiência existencial das perdas de todo homem, propondo que a memória não é reprodutiva, mas produção: do duplo silêncio ininterrupto da morte de pai e mãe do sujeito da enunciação sobram "cacos ásperos/ que, agora,/ num ato de acúmulo,/ rejunto". O quinto, "Letra", trata da autonomia artística e do artista cooptado, antecipando a figuração do imaginário *Junkspace* nos seguintes, "O lixo", "Rascunho", "Anúncio", "Morte". O mesmo ato de acúmulo enunciado em "Azulejo" os compõe, rejuntando referências de coisas vis e ações violentas. O seguinte, "Caminho de hamster", revisita "A flor e a náusea". Exacerba a desesperança, nenhuma flor fura o asfalto, e o poema termina "na próxima linha", que é a última. "Enésima potência", aparentemente sobre formigas, é alegoria das massas contemporâneas. De todos os poemas do livro, é o menos convincente, e não por ser alegórico, mas porque sua alegoria é transparente, óbvia e exterior. "Grafites", cuja referência é o México, interrompe o tom descendente com poemas curtos, quase sentenças – "El que no trabaja/ Que no coma" –, alguns quase-haicais – "Os maias estão desatrelados/ do meu modo de vida/ os maias estão nas estrelas", seguidos de "Visitar um cacto". Homenagem a João Cabral, descasca fenomenologicamente a palavra "cacto" em planos de sínteses precisas que efetuam o espinho na forma: "as palavras rasgos de cacto/ arranhos por todos os lados/ o cacto, sempre em si,/ sem a possibilidade/ de vizinho" ou "semillas de tuna/ raspam-se em sua pronúncia/ com o cacto/ no hay paso". O imaginário *Junkspace* retorna em "Cambio, exchange" e "Concerto". "Resgate" dialoga com "Caminho de hamster", "Azulejo" e com "Legendas do muro", adiante. Até o final, a natureza objeto de predação, a violência e a apatia do espaço-lixo e do imaginário contemporâneos, a experiência existencial da angústia, a palavra poética e seu silêncio insubstancial, o sentido e a função da poesia num tempo que a ignora compõem as linhas de força dessa poesia. Nela, o olho da enunciação prefere a natureza-morta do corpo capitalista, que vem para a frente da cena em poemas como "Roupoema" e os excelentes "It's not looking great!", "Vestíbulo" e "Duas linhas". Ou na sutil formulação do fetichismo da mercadoria de "Indisciplina", em que roupas e grifes são vivas, possuindo homens e mulheres com as fantasmagorias de suas marcas.

O exemplar – espécime, ícone, totem, natureza-morta – do corpo-capitalista contemporâneo é o corpo da modelo. (Em "Definitions of Brazil", escrito com Charles Bernstein, o corpo político do país é o modelo da modelo: "Brazil is the model of a model".) Bonvicino inventa-o como superfície plástica, passiva como uma massa de moldar, onde atua a mimese impessoal de pedaços do imaginário. A mimese é uma mímica ventríloqua que, da cabeça aos pés, imita signos auráticos de marcas, grifes, cifras, assinaturas, gestos, estilos, como ectoplasmas de vozes da moda, do sexo, do dinheiro, do poder e da palavra mágica, "sucesso", falando-se a si mesmas como matéria autônoma baixada no corpo-médium. Aqui, a questão que sua poesia faz ao leitor é teórica e técnica: como pintar eficazmente uma natureza-morta com palavras, quando o objeto é uma falta de ser que se dá à percepção como objeto-fluxo cambiante, modelado por objetos-parciais sem unidade, só reconhecíveis nos resíduos deformados das inscrições de forças anônimas? Qualquer um sabe na própria pele que o corpo é objeto radicalmente finito. É impossível pensá-lo num grau zero de si mesmo, pois não há corpo natural. Antes de nascer, a pele é tatuada pela dominação do nome do Pai, da família, da raça, da religião, da política, das contingências. Em *Página órfã*, a pele da modelo sintetiza o modo hoje universal que faz da pele humana a superfície da inscrição contínua de fluxos miméticos que efetuam o corpo como continuidade da troca mercantil, desmemória e alienação da historicidade da sua experiência.

Bonvicino despedaça a referência para evidenciar que o corpo da modelo tem alma. Evidentemente, exterior, achatada e ondulatória, superfície moldável e remoldável pelo botox e silicone do desejo regressivo. Sem experiência do passado e sem expectativa de futuro, alma-modelo de toda a cultura e "espírito", emite signos de Individualidade única. Narcísica, cheia de si sem si, como um deus arcaico, prepotente e pueril. As forças industriais modelam a alma de Kaetán ("Letra"), Kate ("It's not looking great!"), da "mula de Versace" ("Duas linhas"), dos marginais e das putinhas habitados pelas grifes ("Indisciplina"), de Diana Dondoe ("Vestíbulo"), da top-problema ("Um poema") e de outros personagens que têm por modelo a modelo. As forças os deformam parcialmente em personalidades únicas, dotando-os de funções apáticas, fazendo-os psicografar a espiritualidade das mercadorias incessantemente descartadas. O movimento estático só se aquieta com deformações mais definitivas, como a morte. Os efeitos imaginários que personalizam corpos como Individualidade única são terríveis: anônimos, impessoais, são metódicos, com eficácia técnica calculada milimetricamente: a fome é a força que se aplica metodicamente a corpos já marcados pela classe para produzir produtos especiais, desempregados, criminosos, crianças abandonadas, mendigos como mortos individualizados; o gás sarin e o gás mostarda aplicam-se metodicamente a corpos já marcados pela raça e pela religião para obter convulsões em massa individualizadas como mortes; o silicone o botox a cirurgia plástica aplicam-se metodicamente sobre corpos metodicamente cadaverizados de modelos atrizes artistas stars políticos que devêm corpos-travestis parcialmente, corpos-gay parcialmente, corpos-puta parcialmente, corpos-teen parcialmente, corpos-animal parcialmente, corpos-Maseratti parcialmente, corpos-cerveja parcialmente, corpos-alpargata parcialmente, corpos-compra-e-venda totalmente individualizados como "nossos filhos da puta"; o carro-bomba e o míssil e a tortura e a falsificação das palavras se aplicam metodicamente em massas de corpos para efetuar corpos-inimigos como corpos-pedaços e corpos-cadáveres individualizados que se aplicam metodicamente na produção de corpos-fotos e corpos-vídeos e corpos-filmes individualizados para produzir corpos-consumidores de imitações individualizadas como mortes e espetacularização da morte etc.

    Bonvicino faz corresponder à apatia dessa maldade ativamente produtora de restos a alienação simbólica de suas vítimas autocomplacentes. Nunca naturais, as forças são artifícios e artefatos simbólicos industrialmente aplicados como produção de individualizações imaginárias. O simbólico é sempre particular, porque arbitrário; a ignorância dele é alienação que ignora a morte ou a historicidade de todo tempo. Na justaposição de pedaços, a poesia de Bonvicino mostra que nenhuma das forças individualiza ao produzir a Individualidade única, pois são regressivas e individualizam unificando pedaços em todos gregários, fascistas ou tendentes ao fascismo, como raça, cor, religião, poder, sexo normal, sexo perverso, "eu". É o que sua ironia angustiada mostra friamente quando o corpo da modelo modela o corpo-narciso do artista contemporâneo. Esnobe e pernóstico, só se vê de perfil. Desdenha intransitivamente o não-eu que não espelha sua Individualidade única. Sustenta o universo com o arco cético das sobrancelhas depiladas. Puxa o saco dos "nossos filhos da puta" do Estado. Perfuma o ar com o *Eternity* do bom-mocismo. Declara o desejo de subserviência gregária. Demonstra a servidão voluntária no nó da gravata executiva que re-al-men-te despreza, pois continua monstro filosófico de sensibilidade única para proveito da massa que infelizmente não come o biscoito fino que fabrica. Não há ironia como sentido figurado negativo de um sentido próprio literal, como inversão ou negação do enunciado. Não postula verdades corretoras. Mas ironia feroz da demonstração que elenca processos de acumulação espetacular de signos dos códigos de barra tatuados nos corpos. Cada pedacinho desmemoriado deles é uma definição sensível e sintética das essências dos *mass media*. A modelo que se masturba na neve em Aspen encena a cena que viu encenada não se lembra onde redesfilmada num *remake "make it new!"* do cinema. A modelo move os lábios, chupa no ar *blowjob* ausente que viu imitado no programa que simulava sexo oral na tevê. A modelo olha sensual em *close up* e *fading off* com olhos da foto de fotos. A polícia imita seriados Swat aliás Alias quando mata. Guerrilheiros detonam edificações como o papelão rasgado do cinema-catástrofe. Sucateiros conversam na calçada como num filme na tevê. O umbiguinho depiladinho da atrizinha diz "me coma!" sendo falado pelo anúncio que repete signos sensuais da modelo que se masturba em Aspen movendo lábios que olham sensuais o *blowjob* de policiais que matam ou aliás imitam os que detonam torres conversando na calçada com o olhar sensual da modelo que tem o umbiguinho depiladinho dizendo que também a poesia de Bonvicino é resíduo.

Como resto de uma experiência poético-política, ela dramatiza a dualidade da arte moderna lembrada por Deleuze: é uma teoria da sensibilidade, como forma da experiência individual possível, e uma teoria da poesia, como reflexão da experiência social real. Nos poemas de *Página órfã*, as teorias nunca se unem. Como a poesia de autores modernos anteriores, os poemas demonstram que hoje as condições individuais da experiência poética não são as condições da experiência social real. Por isso mesmo, a dissonância de sensibilidade e razão, de possível e real, de dramatização e referência que os ordena como despedaçamento é o seu conteúdo de verdade que continua afirmando que esta é uma sociedade de corvos.

Caligrafia baseada no poema "Deus"
León Ferrari

Louis lesão
grampinhada de lesão
em seu prolíngua de uma
sentindo se ela
interpreta risarro
seu pênis arro
entra e sai

Bibliografia do autor

Bicho papel. São Paulo, Edições Greve, 1975.
Régis Hotel. São Paulo, Edições Groove, 1978.
Sósia da cópia. São Paulo, Max Limonad, 1983.
Más companhias. São Paulo, Olavobrás, 1987.
33 poemas. São Paulo, Iluminuras, 1990.
Outros poemas. São Paulo, Iluminuras, 1993.
Ossos de borboleta. São Paulo, Editora 34, 1996.
Céu-eclipse. São Paulo, Editora 34, 1999.
Remorso do cosmos. São Paulo, Ateliê Editorial, 2003.

PLAQUETES
Me transformo ou o Filho de Sêmele. Curitiba, Tigre do Espelho, 1999.
Hilo de piedra. Plaquete editada pela revista *Sibila; revista de arte, música y literatura*, nº 10. Sevilha, out. 2002 (com poemas de *Céu-eclipse* e de *Remorso do cosmos*).

ANTOLOGIAS
Primeiro tempo. São Paulo, Perspectiva, 1995 (reunião dos livros *Bicho papel*, *Régis Hotel* e *Sósia da cópia*).

Sky-eclipse selected poems. Los Angeles, Green Integer, 2000.
Lindero nuevo vedado. Porto, Edições Quasi, 2002 (com poemas de *33 poemas, Outros poemas, Ossos de borboleta* e *Céu-eclipse*).
Poemas (1999-2003). Seleção e organização de Odile Cisneros e Rodolfo Mata. Cidade do México, Alforja/Conaculta-FONCA, 2006.

POEMA COLETIVO
Together – um poema, vozes. São Paulo, Ateliê Editorial, 1996.

POESIA INFANTIL
Num zoológico de letras. São Paulo, Maltese, 1994.

CRÍTICA
Desbragada. Antologia e estudo da poesia de Edgard Braga. São Paulo, Max Limonad, 1985.
Nothing the sun could not explain – 20 contemporary Brazilian poets. Editado por Michael Palmer, Régis Bonvicino e Nelson Ascher. Los Angeles, Sun & Moon Press, 1997.
The PIP anthology of world poetry. Volume 3: *Nothing the sun could not explain – 20 contemporary Brazilian poets*. Editado por Régis Bonvicino, Michael Palmer e Nelson Ascher. Los Angeles, Green Integer, 2003.
Envie meu dicionário (cartas e alguma crítica), com Paulo Leminski. São Paulo, Editora 34, 1999.

TRADUÇÃO
LAFORGUE, Jules. *Litanias da Lua*. São Paulo, Iluminuras, 1989.
GIRONDO, Oliverio. *A pupila do zero*. São Paulo, Iluminuras, 1995.
PALMER, Michael. *Passagens*. Ouro Preto, Gráfica Ouro Preto, 1996.

CREELEY, Robert. *A um.* São Paulo, Ateliê Editorial, 1997.
BERNSTEIN, C.; MESSERLI, D.; COLE, N. e BENNETT, G. *Duetos.* Paranavaí, Editora UEPG, 1997.
MESSERLI, Douglas. *Primeiras palavras.* São Paulo, Ateliê Editorial, 1999.

PARCERIA

Cadenciando-um-ming, um samba para o outro. São Paulo, Ateliê Editorial, 2001 (com Michael Palmer).

ARTES PLÁSTICAS

Do grapefruit. São Paulo, edição dos artistas, 1981. (Tradução de poemas-instruções de Yoko Ono, com trabalhos gráficos de Regina Silveira e Julio Plaza.)

HOMEPAGE
http://regisbonvicino.com.br

WEBSITE DA REVISTA *SIBILA*
www.sibila.com.br

RÉGIS BONVICINO nasceu na cidade de São Paulo, em 25 de fevereiro de 1955. Formou-se em Direito pela USP, em 1978. Trabalhou como articulista do jornal *Folha de S. Paulo* e de outros veículos até ingressar na magistratura, em 1990. É casado, desde 1992, com a psicanalista Darly Menconi e tem três filhos: João, 27, Marcelo Flores, 20, e Bruna, 14. • Seus três primeiros livros, *Bicho papel* (1975), *Régis Hotel* (1978) e *Sósia da cópia* (1983) foram por ele mesmo editados. Hoje, estão reunidos no volume *Primeiro tempo* (Perspectiva, 1995). • Entre suas participações em leituras de poesia destacam-se as atuações em Buenos Aires (1990); Miami (Miami Book Fair, 1992); Copenhague (1993); na III Bienal Internacional de Poetas em Val-de-Marne (1995), fazendo leituras em Paris (Maison de La Amerique Latine) e Marselha (Centro Internacional de Poesia); Berkeley (1996), com Michael Palmer, e na San Francisco State Universty. Em 1998, apresentou-se com Charles Bernstein no Segue Performance Foundation, de Nova York; no ano de 1999 esteve em Santiago de Compostela, na Universidade de Santiago. Fez leituras em Iowa City (2000), com Michael Palmer, e em Chicago; participou do IV Encontro Internacional de Poetas de Coimbra (2001). Destaca-se ainda sua participação na Feira do Livro da Cidade do México (2004). Seu trabalho está traduzido para o inglês, espanhol, francês, chinês, catalão, finlandês e dinamarquês. • Entre 1975 e 1983, dirigiu as revistas de poesia *Qorpo Extranho* – com três números –, *Poesia em Greve* e *Muda*. Fundou, em 2001, e co-dirige, ao lado de Charles Bernstein e Alcir Pécora, a revista *Sibila* (http://www.sibila.com.br), publicada atualmente pela Martins Editora.

1ª edição Fevereiro de 2007 | **Diagramação** Negrito Produção Editorial
Fonte Dante MT | **Papel** Pólen Soft
Impressão e acabamento Vida e Consciência Gráfica e Editora